Ann Kathrin Senftner

SPORT
Macht Dich stark!

AF176590

Alle Angaben in diesem Buch erfolgen ohne jegliche Gewährleistung oder Garantie seitens des Verlags oder der Autorin. Eine Haftung der Autorin bzw. des Verlags und seiner Beauftragten für Personen-, Sach- und Vermögensschäden ist ebenfalls ausgeschlossen.

Dank
Danken möchte ich meinem privaten Korrektorat und Lektorat und den ehemaligen Leichtathleten aus Lampertheim und Lorsch.

Bibliographische Information der Deutschen Nationalbibliothek: Die Deutsche Nationalbibliothek verzeichnet diese Publikation in der Deutschen Nationalbibliographie; detaillierte bibliographische Daten sind im Internet über http://dnb.dnb.de abrufbar

Herstellung und Verlag:
BoD – Books on Demand, Norderstedt

ISBN: 9783755729945

Zweierlei Bälle

In Laubersheim gab es nur eine Turnhalle, und die war ständig belegt. Zu den gängigen Trainingszeiten zwischen 17 Uhr und 18.30 Uhr, wenn die Dreizehnjährigen trainierten, gab es immer wieder Streit. Das Vorstandsmitglied Holger Waldauf hatte ständig Anfragen von den Trainingseltern bekommen. „Gell Holger, am Freitag zwischen 17 und 18.30 Uhr ist mein Sohn mit seiner Badmintongruppe in der Halle und Kalle kommt zum Volleyballspielen, sagte die Oma Gerda energisch zu Holger. Holger nickte und sagte kleinlaut: „Ist okay."

Es gab aber etwas Schlimmeres für Holger: Carlo. Der war Spanier und seine Tochter spielte Handball. „Wenn du die Mädchen in der Halle dienstags und donnerstags um 17 Uhr nicht spielen lässt, bring ich dich um Holger, du weißt, die Mädchen brauchen die Halle." Holger hatte immer noch das Hallensoccerteam im Kopf. Der Dorfpolizist Waldemar hatte ihm extra noch die 6000 Euro gegeben, dass er Dienstag und Donnerstag das Soccerteam des 1. FC Backup spielen lässt. Er selbst sah lieber gerne Fußball als Handball. Nach einer langen Nacht über den Hallenterminbelegungsplänen hatte er sich furchtbar betrunken. Er gab schließlich nach reiflicher Überlegung zwei Hallenterminbelegungspläne heraus. Einen für die Hallensoccerjungs und einen für die Handballmädchen. Die Trainingszeitenpläne hatte er einfach vertauscht. So stand bei den Mädchen um 17 Uhr Handball drin und bei den Jungs um dieselbe Uhrzeit Soccer.

Die zwei Sportgruppen standen also am 28. August vor der Halle. Der Streit musste kommen. Die Trainer der beiden Teams schimpften sich an. „Ihr mit eurem blöden Fußball! Bleibt doch draußen aus unseren Hallen!", schrie Rosa, die Trainerin der Mädchen. „Hau doch ab, du blöde Kuh!", brüllte Diego der Soccertrainer. Und er gab Rosa einen kleinen Rempler. Doch die Mädchen wehrten sich. Beide Gruppen drängten gleichzeitig in die Halle. „Mensch Kalle, lass das unter uns ausmachen!" Zwei Minuten dauerte es, da war es schon passiert: In der Halle entbrannte ein schwerer Kampf der Jungs gegen die Mädchen. Die beiden Trainer konnten die Trainingsgruppen nicht mehr voneinander halten und sie keilten los. Es wurde fair gekämpft und mit Mut, bis die Mädchen die Bälle der Jungs hatten. Dreißig Stück waren das, und die waren ziemlich kostbar. Aber dafür hatten die Handbälle der Mädchen andererseits die Jungs. Im Kampf war keine Entscheidung gefallen. Da kam Herr Kohlgraf herein, der große dicke 1. Stadtrat, mit seinem Riesenbauch und seiner mächtigen polternden Stimme, und sagte laut: „Das ist ein Prestigeprojekt, die Jungs werden Soccer spielen in der Halle, die Mädchen sollen nach Hause gehen, am Samstag ist Ballet!", sagte er hochnäsig. Rafaella fletschte die Zähne: „Das kriegt der irgendwann zurück!"

Enttäuscht gingen die Mädchen nach draußen und stellten sich neben den Aschenplatz, auf dem ihr Opa immer Feldhandball gespielt hatte. „Mann die scheiß Arsch_____, ich will noch nicht nach Hause!", meinte Karlotta. „Und wenn wir hier draußen spielen?" Tanja sah Karlotta fragend an. „Sollen wir es versuchen?", fragte sie auch die Inga. „Na klar", antwortete diese, „aber wir spielen Kleinfeld, also die Hälfte quer und holen uns die Tore von den Jungs aus der Halle, sollen die halt die kleineren Hokeytore nehmen", antwortete sie. „Schnell, wir gehen durch den Seiteneingang, Cora macht von innen die Seitentür auf und Saskia die andere Seitentür, dann sind wir schneller wieder draußen. Hanne und Marlise stellen ihnen die kleinen Hokeytore hin, ich will jetzt trainieren und keine zweite Schlägerei mehr. Die Jungs sind in der Umkleidekabine, Taktik besprechen, los zack zack." Eine Minuten dauerte es, dann standen die Tore an der richtigen Stelle. Nur Hajo, der nie traf, kam kurz raus und schaute nach den Toren. Dann ging er wieder rein. „Dann spielen wir halt ohne Torwart mit Dreimeterraum, ihr dummen H____", rief er noch. Die Mädchen kicherten.

„Wie spielen wir?" „Nach den Hallenhandballregeln, sind doch gerade mal 5 Meter mehr zu jeder Seitenlinie vom Spielfeld!" Es fing an zu regnen. Und die Mädchen spielten. „Damals waren wir immer draußen!", rief ihnen der alte Horst, der Hausmeister von der Seitenlinie zu, er stopfte seine Pfeife, die gerade vom Regen nass wurde, und er ging in die Vereinskneipe.

Sie spielten und es fing an zu tratschen, aber es war ihnen egal. Der Aschenplatz war eine Sauerei, aber er war besser als ein Betonplatz. Der war nämlich zu hart fürs Spielen. Man verletzte sich zu stark beim Fallen,

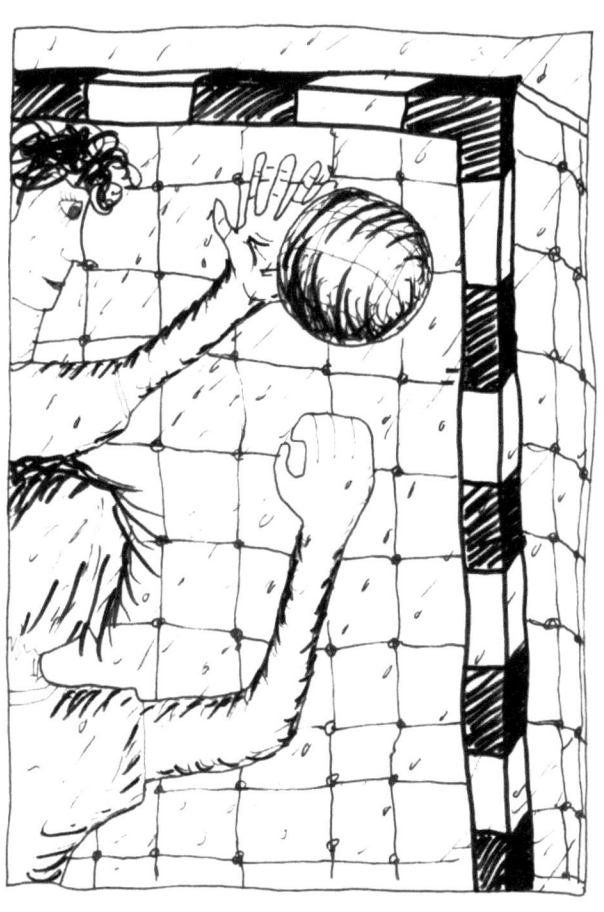

also lieber die Sauerei auf dem vorhandenen Aschenplatz.

Nach eineinhalb Stunden war alles vorbei. Die Eltern holten die Kinder am Parkplatz vom Sport wieder ab. Die Mädchen waren dreckig von oben bis unten, aber zufrieden. Nur Karlotta hatte jetzt noch Angst und ein Problem: Das Auto ihres Vaters hatte beigefarbene Ledersitze und es war sehr teuer gewesen. Er schrie Karlotta an: „So eine Sauerei, Karlotta, die besten Klamotten kaufen wir dir und das Auto ist ein Bentley, glaubst du, ich nehme so einen Sauereiheimer mit!?" Schnell griff Kalle aus dem Soccerteam ein. „Karlotta fährt mit uns!", sagte er freundlich zu Karlottas Vater. Die Anspannung ließ schlagartig nach. Mit einem tiefen Seufzer der Erleichterung fuhr Kalles Vater die beiden nach Hause. Karlottas Vater kam das gerade recht, denn der musste noch einen Termin bei der Bank wahrnehmen. So fuhren alle heim.

Horst, der die Hallenbelegungspläne nicht geschafft hatte und deswegen die Halle mit den Trainingszeiten doppelt belegt hatte, saß abends erleichtert und durch ein gutes Maß Bier angeheitert in der Dorfkneipe. Das spanische Temperament von Karlottas Vater hatte ihn am Leben gelassen, trotz seines Versagens. Also feierte er, dass alles gut gegangen war, und zwar mit einer besseren Lösung, die die Kinder gefunden hatten: Die Mädels draußen auf dem Aschenplatz und die Jungs drin in der Halle. Sogar Rosa, die schreiend aus der Halle davongelaufen war um Hilfe zu holen, kam dazu. Und es wurde gefeiert! Handball und Soccer zur gleichen Zeit, alle waren froh und es gab herrliche selbstgemachte Hamburger mit Pommes und Salat.

Rennen
-immer schneller

Gesine war Fünfzehn als ihre Oma anfing, sich beim Einkaufengehen zu verlaufen. Das kam nur ganz selten vor. Aber Oma hatte dann öfters auch nicht mehr alles dabei, was sie brauchte zum Essen und zum Leben. Ihre Eltern tuschelten immer ganz traurig und sagten, die Oma sei dement.

Aber eigentlich war die Oma noch fast dieselbe wie vorher, zu ihr zumindest. Also nahm sie ihre Großmutter so wie sie war.

„Gesine, die Oma braucht Essen und Getränke, Einkaufen bitte!" „Uff!", dachte Gesine und „Oh Mann, okay, Mama ist arbeiten, Papa auch, beide bis um 18 Uhr, meine kleiner Bruder

Leon und ich gehen in der Schule essen, klar, ich hab' noch am meisten Zeit. Aber wie mach ich das mit Leichtathletik?", fragte sich Gesine. „Mit den Hausaufgaben ist die Zeit schon ganz schön knapp." Sie grübelte und grübelte, und am Anfang war es wirklich blöd mit den vollen und schweren Taschen. Die dummen Bierflaschen krachten in der Tasche immer zusammen, sodass sie nicht wusste, ob sie in der Tasche kaputt gegangen waren. Dreimal in der Woche machte sie das. Aber die Oma war eigentlich ganz lustig und es war okay. „Die Schokolade ist super!", sagte sie immer zu ihrer Oma. Die kaufte sie sich auf Omas Befehl stets zur Belohnung.

Nach drei Wochen bestellte sich Gesine aber Satteltaschen für ihr Fahrrad aus dem Bauhaus Onlineshop, damit ging es leichter. Und oha, irgendwann kam sie auch auf die Idee mit den Bierdosen, das war leichter zu tragen. „Ein Prosit der Oma!", sagte die Gunda von der Kasse immer. Zum Glück fragte sie Gesine nie nach ihrem Ausweis, es wäre kompliziert geworden. Außerdem schmeckte ihr das Zeug sowieso nicht. So ging das mit dem Fahrrad für zwei Wochen gut.

Nur die dumme Hexe von nebenan, die machte alles zunichte. Irgendwie spürte es Gesine. Dieser böse Blick durchbohrte sie, machte sie ganz unsicher. Gesines Hände wurden feucht und die Beine waren so schlapp. Diese gemeine Hexe, die neben der Oma wohnte, die Frau Bittermeier verfluchte ihr Fahrrad und dann passierte es ständig: Sie machte so blöde Fahrfehler, dass das Vorderrad einen Achter hatte oder einen Platten, weil sie zu schnell den Bordstein hochgefahren war, dann war mal die Bremse kaputt oder die Kette. Und das ging so schnell bei einem Fahrrad von so guter Qualität. Das Fahrrad war echt top, sodass es ein Fluch gewesen sein musste! Und irgendwann gab Gesine auf.

Jetzt musste sie wieder öfters und zu Fuß einkaufen, weil sie nicht alles auf einmal tragen konnte, jedes Mal zwei Kilometer, einen Kilometer hin und einen Kilometer zurück. Nach dem Einkaufen und den Hausaufgaben fehlten ihr jedes Mal 10 Minuten zum Training um 17.30 Uhr, plus- minus ein paar Minuten versteht sich. Scheiße! Irgendwann kam sie auf die Idee zu rennen. Das ging nur mit einem kleinen Einkauf und einem guten Rucksack. Den hatte sie noch vom Wanderurlaub mit der Sportjugend.

Also sechs Mal die Woche einkaufen und zwar zackig. Sie stoppte die Uhrzeit und gab Gas. Am Anfang war die Umstellung von den 800m bei den Leichtathleten auf 2x1000m plus Einkaufen noch schwierig. Dann wurde sie schneller. Nach sechs Wochen war es soweit: sie war in der Zeit so schnell, dass sie es mit dem Einkaufen für die Oma noch rechtzeitig ins Training schaffte! Was für ein Gefühl! Irgendwann flog sie nach der Schule förmlich von zu Hause in den Supermarkt, nur dass sie dabei auf dem Boden blieb, und wieder zurück zu den Hausaufgaben, danach zack, ab ins Training.

„Klasse Gesine! Spitzenzeit bei den 1500 Metern. Aber messen Gesine! Ich gebe dir das Maßband von der IKEA, da ist ein grüner Bereich, ein gelber und ein roter. Da misst du zwei Mal die

Woche kurz unter dem Bauchnabel, da wo das Bäuchlein am dicksten ist. Wenn du im roten Bereich bist, bist du tot! Dann bist du viel zu dünn. Lass es! Das ist eigentlich die einzige Gefahr beim Training, Sportverletzungen hast du aber eigentlich weniger. Iss immer so viel, dass du im grünen Bereich bleibst, für das Training ist es sowieso besser, dann bekommst du keinen Ast, also keinen Nährstoff- und Energiemangel und bleibst gut in der Schule."

Zur Gruppe sagte Cordu, die Trainerin: „Wir treffen uns noch bei mir zum Trainingskochkurs am Samstag, alle! Ab einem gewissen Trainingsgrad können das eure Mütter, eure Väter und die Schule nicht mehr so gut. Dann funktioniert das Training nicht mehr. Ich zeig Euch, wie ihr genug

Nährstoffe bekommt. Das Essen muss Euch mit genügend Energie versorgen."

So ging das ein Jahr und Gesine wurde sehr schnell! Mit ihren Punkten in der Gruppe gewannen sie sogar die badischen Mannschafts-meisterschaften. Für jeden gab es einen schönen Siegerteller aus Glas mit einer Medaille innendrin.

Sonntags gewöhnte sich dann Gesine immer an, zu ihrer Oma zu gehen und Nudeln mit Kerrygold-Gouda-Knoblauchsauce zu machen.

Die aß sie selbstverständlich vom Siegerteller der badischen Meisterschaften. Mit ihrer Oma erzählte sie dann immer vom Wetter, vom Training, die alten Geschichten von früher, als Opa noch lebte, und von Omas neuer Flamme, dem Horst von nebenan.

Nicht mein Sport

Zum Tennis ging es also. Etwas Besonderes, eine neue Sportart. Sie fuhr mit ihrer Freundin Katja auf dem Fahrrad zum Tennisplatz. Den Tennisschläger hatte sie noch vom Spielen auf dem Hof und er war im Rucksack verpackt und lugte oben heraus. Katja gab Gas. „Mann, so schnell kann ich nicht!", jammerte Hanna. Mann, Leichtathletik machte sie, Katja machte nie etwas, und sie fuhr ihr gerade mit dem Fahrrad davon. Dabei war Hanna doch sogar dritte bei den Vereinsmeisterschaften geworden! Wie machte Katja das bloß, mit ab und zu Tennis und dann mit dem Rad davonfahren? Egal. Hechelnd fuhr sie nebenher. Die Strecke ging 3,2 km an den Rand der Stadt. Nach

5 Minuten waren sie schon da. Alleine wäre sie wenigstens 8 Minuten gefahren. Aber irgendwie hatte sie es geschafft. Hanna war außer Puste. Als sie noch dabei war das Fahrrad abzuschließen, war Katja schon in der Tür zum Gelände und drängelte, dass sie sich beeilen solle. Gut, in diesem Tempo also doch pünktlich. Das Training war eigentlich ganz locker. Nicht so anstrengend wie bei den anderen Sportarten, aber mit mehr Technik mit dem Schläger: Vorhand, Rückhand, mit kurzem Ball am Netz und Aufschlag. Meistens klappte das auch, aber nicht immer. Alleine ging das ja. Und am Wochenende spielten sie manchmal gegen die Wand. Ein großes breites Brett aus einem Verbundbaustoff in grün mit einem eingezeichneten Netz, das so groß war wie auf dem Platz. Der Ball sauste

dann blitzschnell zurück, weil er immer nur die Hälfte des Weges zurücklegen musste, also die Strecke zur Gegenspielerin und zurück eben nicht. Bei recht feste gegen die Wand spielen war das dann recht schnell anstrengend und machte Spaß. Das ging so eine Weile. Jedes Mal sagte der Trainer am Ende des Trainings: „Abziehen!" und sie ging zum Fahrrad. Als sie schon einige Male im Training gewesen waren, hörte das Gebrüll des Trainers Miro mit den Worten „Abziehen, Abziehen!", hinter ihr nicht auf. Hanna drehte sich um, was meinte der denn jetzt? Sie solle abhauen und bleiben? Sie hatte das nicht verstanden. „Du sollst den Platz mit dem Netz abziehen!", klärte sie Katja auf und lachte. „Ach so, ich hab' das noch nie gemacht. Macht ihr das immer?" „Na klar!" klärte sie Katja auf und alle lachten. Hanna war eigentlich schon außer Puste, aber sie nahm nochmal alle Kraft zusammen und lief das Netz hinter sich herziehend, hin und her den halben Platz ab. Wenigstens war es nur die Hälfte des Platzes und nicht der Ganze. Es war schon ein wenig schwer. Die andere Seite des Platzes zog Steffi ab. Mann wie peinlich, egal, war eigentlich nicht so schlimm. So ein Synonym, also ein Wort, das für zwei unterschiedliche Sachen einen unterschiedlichen Sinn ergab, war schon tückisch, wenn es genau gleich klang. Wie Eissalat, immer dachte Hanna, es gäbe dann einen Salat aus Eiscreme, aber es gab immer wieder den normalen grünen Salat.

Nach einem Jahr startete dann endlich das Vereinsturnier am Wochenende, sie spielte zuerst gegen Steffi und wer gewann, der war weiter, der Verlierer schied aus. Steffi hatte zuvor schon zwei Jahre gespielt und sie nur eins. Ob das gut ging? Immerhin war sie im Turnen die Beste. Der erste Schlag von Steffi kam: Ein Ass. Sie bekam den Ball nicht und Steffi einen Punkt und Hanna hatte 0 Punkte. Den nächsten Ball, den Steffi spielte, konnte Hanna zurückspielen, sie traf ihn gut mit dem Schläger, aber er ging ins Aus. Wieder ein Punkt für Steffi und null Punkte für Hanna. Das ging so bis zum ersten bitteren 6:0 für Steffi. „Vielleicht klappt's ja noch!", sagte Steffi aufmunternd zu Hanna. Und irgendwie glaubte Hanna auch noch daran. Ähnlich verlief der nächste Satz. Das Spiel endete 6:0 und 6:0 für Steffi. Mann, Tennis schien nicht ihr Sport zu sein. Beim nächsten Training saß Hanna in der Runde und sie begriff zum ersten Mal, dass der Optimismus, den sie dieses Jahr beim Spielen hatte, wohl hier ein Ende fand. „Hey Mädels, ich glaub ich höre auf. Tennis ist nicht mein Sport! Ich bin ja bei den Leichtathleten" „Aha!", antworteten die anderen und kicherten.

„Dann ab in die Eisdiele Abschlussessen", sagte der Trainer zu den Mädels. „Au ja, Eissalat!", sagte Hanna. „Was ist denn das für ein Becher?", fragte Steffi. Und Katja kicherte und sagte: „Ein Gemüsesalat, du Harald!" „Egal", entgegnete Hanna, Luigi macht uns auch einen Salat aus Eiscreme!" Gesagt getan und sie fuhren mit den Rädern zu Luigis Eisdiele in die City. Sie setzten sich in die Eisdiele und Luigi sagte nur kurz fragend „Was?" als Hanna freundlich fragte, ob er ihnen einen Salat aus Eis machen

konnte. Sie unterhielten sich eine Weile und bekamen dann einen riesengroßen Teller Eis mit Schokolade, Sahne, Waffeln und Pralinen und einen Löffel für jeden. „Das ist eine Eisbombe, kein Eissalat!", sagte Luigi, grinsend. „Ach so!", sagte Hanna und sie genossen kichernd die herrliche Eiscreme.

Anfeuern und wie

Gernot merkte es früh, irgendwie war er anders. Schön war er, der Seppi aus der 1a. Irgendwie schöner als die anderen Mädchen. Aber wie sollte er es nur machen? Überall waren nur die Mädchen- und Jungsliebespaare abgebildet. Und bis vor kurzem hatte der Pfarrer aus der Stadt noch gesagt, dass es eine Straftat sei, einen Jungen zu lieben, wenn man selbst ein Junge ist. Den hatten sie dann aber aus der Stadt geworfen, den dummen Pfarrer. Sein Vater hatte es ihm dann ganz lieb erklärt: „Ja es gibt auch Jungs, die Jungs lieben und Mädchen, die Mädchen lieben." Getraut, getraut hatte er es sich noch nicht, Seppi zu sagen, dass er so schön ist.

Mann, aber er wusste, Seppi spielte immer Volleyball auf dem Rhein-Neckar-Straßenplatz. Die Straße war während der großen Spielkrise aufgestockt worden. So war nun die Spielstraße mit Sportplätzen über der Fahrstraße. Seppi spielte jetzt immer mit Kerstin. Aber jeder wusste, dass Kerstin ihm zu groß war und sie spielten, wie es sich für Profis gehört.

Seppi war ein Jahr älter als Gernot und boa, war der schön trainiert! Gernot war ja eher etwas speckig. Nach der Schule, als er die 6 aus Deutsch nach Hause brachte, musste er seine Wut irgendwie rauslassen. Ihm platzte der Kragen. Diese blöde Idiotin von Lehrerin, er hatte doch alles richtig gemacht, dachte er zumindest. Nur wie sollte er seine Wut nur rauslassen, irgendwie war Sport nie so sein Fall. Seine Mutter meinte immer, drinnen spielen sei besser, aber seit Beginn des Straßenerneuerungsplans 3000 hatte sich das geändert. Die Kinder und Jugendlichen konnten wieder besser auf den Straßen spielen. Dann hatte Gernots Mutter auch noch gesagt: „Dann musst du das nächste Mal besser lernen." Da war Gernot vor Wut fast geplatzt. Jetzt brauchte er etwas ganz anderes und da wusste er auf einmal, was er machen konnte: Er ging ohne vorher lange darüber nachzudenken an die Salatschüsseln seiner Mutter, nahm die riesengroße, schnappte sich einen Kochlöffel und probierte zu trommeln. Er hatte nämlich die dumme Trommel aus dem Discounter von Weihnachten sofort kaputt gehauen. Die war wohl nicht ganz so gut gelungen. Als seine Mutter reinkam und fragte was er denn da macht, antwortete er ihr verlegen:

„Eine Konstruktionsprüfung. Wir haben morgen Materialwesen in der Schule." Und er klopfte einmal feste mit dem Kochlöffel auf die nach außen gewölbte Seite der Metallschüssel. „Au, nicht so laut!" Willst du sie mitnehmen in die Schule?" „Ja", antwortete Gernot. „Dann tu sie dir doch gleich für morgen in den Stoffbeutel." In seinem Zimmer sah Gernot noch die Stulpen liegen, die ihm seine Oma gestrickt hatte. „Die sind doch schwul", hatte er laut gesagt. Und fragend blinzelten alle vor sich hin. Ihm waren die halt irgendwie zu feminin. Aber er hatte die schon mal ausprobiert, als er an der Straßenbahnhaltestelle gewartet hatte. Saupraktisch waren die. Aber es war ja schon etwas wärmer geworden und ... . Natürlich! Wenn er einen Stulpen über den Kochlöffel drübermachen würde, dann würde der Ton, der grelle metallene Ton bestimmt ein wenig dunkler. Er probierte es aus und haute fünf Mal kräftig auf die Salatschüssel. Perfekt.

Seine Mutter sagte zum Glück nichts mehr und ließ ihn in Ruhe.

Vier Uhr war es, kurz vor knapp. Zack fünf Straßenecken, Mann war er aufgeregt. Da sah er Seppi auch schon, wie er mit Kerstin Volleyball spielte und er gesellte sich zu ihnen. Kerstin guckte. Seppi traute sich nicht richtig zu gucken, und wurde rot. „Was ist?", fragte Kerstin. „Ich feuer euch an!", sagte Gernot und schlug mit dem Löffel im Stulpen auf die Salatschüssel. Erstmal guckten alle verdutzt. Und Gernot nahm den mit dem Stulpen übergezogenen Kochlöffel in die eine Hand und die Schüssel in die andere Hand und holte tief Luft und er schrie die ganze Wut von der scheiß Deutschklausur aus sich heraus, weil er doch gar nicht wusste, wie anfeuern geht.

„Frau Reilek, du scheiß Hurensau, gleich kommt einer der dich verhaut." Seppi schaute Gernot fragend an. „Ich hatte 'ne 6 in Deutsch, ich weiß gar nicht, wie anfeuern geht!" „Hallo!", sagte Seppi, „wir machen hier Sport!" Boa, das war das erste, was er von Seppi hörte und er wurde etwas rot im Gesicht und lächelte. „Moment!", gluckste er und kicherte. „Warum spielt ihr denn überhaupt alleine, wo sind denn Johannes und Corinna?" „Johannes ist in Nachhilfe." „Nachhilfe", das arme Schwein, sagte Gernot, „und Corinna?" „Keine Ahnung," antwortete Kerstin, „ich geh am besten nachher mal noch bei ihr vorbei." Und die beiden, Seppi und

Gernot schauten sich verlegen an. „und was ist jetzt mit anfeuern?", meinte Seppi und schaute fragend zu Gernot.

„Mir fällt irgendwie nix mehr ein! Ich trommle einfach wie ein Indianer!" So tönte es zweimal lang, dreimal kurz, viermal kurz, zweimal stakkato. Zum Glück gefiel das Seppi. „Oh Gernot, du bist der beste!". Ab da verhaute Seppi den Ball. Nach fünf Minuten sagte Kerstin lachend: „Okay, ich geh jetzt zu Corinna, macht ihr mal Halbzeit ihr Indiander!"

Kerstin packte ihre Fahrradtaschen und fuhr zu Corinna. Sie kicherte wegen Seppi und Gernot. „Schön, dass du da warst und mich angefeuert hast", und Seppi gab Gernot überfallartig einen langen langen Kuss. Ab da waren sie ein Paar. Klar

gab's gleich noch einen zweiten Kuss
und einen dritten.

Lauf für die Liebe

Erdo war in der 9. Klasse der Alberville-Realschule. Er war nicht sonderlich gut in der Schule. Aber er bestand alle Klausuren, weswegen er auch auf einen guten Ausbildungsplatz hoffte. Er hatte dunkles Haar und grüne Augen Er konnte die Mädchen verrückt machen. Doch die wollte er nicht so recht. Er fand eigentlich nur eine wirklich schön. Das war Ella. Sie war blond und hatte braune Augen und Sommersprossen. Sie fuhr im Bus, meistens auf den zwei Sitzen hinter ihm. Mist! Schon wieder hatte sich Marcell dazwischengesetzt. Erdo störte das. Ellen stand nicht auf Marcell, das wusste er. Aber Marcell stand auf

Ellen, und er machte kein Geheimnis daraus, im Gegensatz zu Erdo, der seine Gefühle zu Ellen lieber verheimlichte. Er fand irgendwie, er hatte nichts zu bieten und er wusste nicht so recht, wo er anfangen sollte. Mehr als „Du hast schöne Augen und du bist die Schönste in der Klasse", fiel ihm nicht ein. So scheute er sich, es ihr zu sagen. Er wusste genau, danach fiel ihm nichts mehr ein. Und das war ihm unangenehm. Erdo war einer in der Schule, der immer eine Antwort hatte, was ihm zum Beispiel die Mathezensur rettete. „Erdo, was ist das Ergebnis?", fragte Herr Kurz einmal und ihm fiel nichts Besseres ein, weil er geträumt hatte: „Herr Kurz, es stimmt nicht, dass es wahrscheinlicher ist, vom Blitz getroffen zu werden, als im Lotto zu gewinnen. Und es stimmt auch nicht, dass Mathematik keine

Glaubensfrage ist und Glaube nur ein Fall von Religion wär. Es gibt nicht nur richtig und falsch in Mathematik" „Wieso?", fragte Herr Kurz interessiert. „Wenn Sie immer wieder mit derselben Zahl spielen", antwortete Erdo, „also wie sechs Mal beim Würfeln auf die sechs zu setzen, dann erhöht sich die Wahrscheinlichkeit zu gewinnen. Also nehmen wir an, ich habe 30 Jahre lang beim Lotto zwei Mal dieselben Zahlen im Spiel und dann glaube ich noch fest, dass ich gewinne, dann ist Mathematik auch eine Sache von Religion, wenn ich bei einer Wahrscheinlichkeit von 1: 3500 auch gewinne." Herr Kurz lachte: „Okay, Erdo", sagte er, „den Versuch war's wert. Das gibt 'ne vier am Ende des Halbjahres im Zeugnis." Erdo sagte sich immer, er musste gewinnen, er musste es ihm beweisen, und er hatte sich ein Los der Aktion Mensch gekauft. Da zu gewinnen war zwar nicht so rentabel, aber wahrscheinlicher, und das Spielen erfüllte einen guten Zweck.

Erdo saß im Bus und sinnierte. Eine dreiviertel Stunde brauchte der doofe Bus in die Schule, weil er einen großen Umweg über den Bahnhof fuhr. Eigentlich waren es nur fünf Kilometer zur Schule. Schon spürte Erdo, wie die flache Hand von Marcell auf seinen Hinterkopf einschlug. „Ein kleiner Schlag auf den Hinterkopf fördert das Denkvermögen!", lachte Marcell. Erdo schlug natürlich zurück. Doch er merkte, wie er unglücklich und fest Marcell im Gesicht traf. Ein kurzer Augenblick, der Bus hielt an und schon bemerkte er die Hand des Busfahrers an seinem Oberarm. „Raus!", meinte dieser. „Oh nein!", entgegnete Erdo. „Es sind noch drei Kilometer." „Du läufst bestimmt gut", meinte Heinz, der Busfahrer. Wenn die Grundschulkinder sich schlugen, war das nicht so einfach. Mit denen musste Heinz meistens den ganzen Weg fahren und konnte sie nicht auseinanderhalten. Erdo war lockerer. Nach einigem Jammern stieg er aus. Heinz lachte ihm noch freundlich zu und winkte. Schüchtern sah Ellen sich nach Erdo um, als der Bus davonfuhr. „Hatte sie etwa Gefühle für ihn?", dachte sich Erdo. Er hatte Hoffnung. Für die Englischstunde war es natürlich zu spät. Er kam gerade an, als alle zusammenpackten. Marcell lachte ihn gehässig an. Sein Gesicht war etwas geschwollen und er hauchte Ellen mit einer in italienischem Akzent verstellten Stimme an: „Signorina?! Ich halte ihnen den Regenschirm!" Dumm, jetzt stand Marcell in der Pause mit Ellen zusammen. Erdo hatte es eigentlich immer geschafft, Rücken an Rücken mit Ellen zu stehen. Doch da war es dann wieder, das Nichts in seinem Kopf. Marcell plauderte derweil munter auf Ellen ein. Die war etwas genervt und zog die Stirn kraus.

Erdo setzte sich sicherheitshalber im Bus weiter von Marcell weg. Er brauchte Englisch und Deutsch, die Fächer in den ersten Stunden. Doch es kam, wie es kommen musste: Erdo hörte einen kleinen hilflosen Schrei von Ellen und er sah, wie Marcell gerade versuchte, Ellen zu küssen. Diesmal war das Ganze nicht ohne ein Tröpfchen Blut zu vergießen und Marcell platzte die Lippe auf, als Erdo ihn schlug. Der Bus hielt an und die

Tür ging auf. „Raus!", rief der Busfahrer. „Ich geh mit", meinte Ellen. „Was?", Erdo durchdrang ein freudiges Gefühl. Die beiden machten sich auf den Weg in die Schule und endlich gelang es Erdo: Er redete mit Ellen so, als ob es nie ein Problem gewesen wäre. Ellen kicherte. Sie mochte Erdo auch und wartete eigentlich nur darauf, bis er den Mut gefasst hatte, sie zum Essen einzuladen. Sie war da etwas altmodisch. Da sie der Busfahrer schon bei Kilometer eins rausgeworden hatte, dauerte der Weg in die Schule etwas länger. Sie genossen die Herbstlandschaft und das heruntergefallene bunte Laub. „Viel Spaß in Deutsch!", Ellen kam Erdo kurz ganz nah. „Ist ja schon fast vorbei", meinte der. Mist. Den Moment hatte er verpasst. Ellen war Erdo so nah gekommen, dass sie sich fast geküsst hätten. Aber die Gelegenheit war schnell verflogen. In Englisch und Deutsch war er also in Rücklage geraten. „Das musst du nachholen!" Frau Fritszeck pfefferte ihm sein Heft auf den Tisch. Irgendwie kam Ellen immer um den ermahnenden Ton rum Sie hatte einfach Schneid. „Tut mir wirklich sehr leid Frau Fritszeck", meinte sie nur. „Kein Problem, ist ja nur eine Stunde Liebchen", antwortete die. Als Erdo die nächste Woche in den Bus einsteigen wollte, versperrte ihm Marcell die Tür. „Wollen sie diesen Störenfried denn wieder mitfahren lassen?", fragte er mit einem linken Blick den Busfahrer Heinz. Dieser zuckte, Marcells Vater saß im Personalrat und bestimmte über die Anstellungen beim Busbetreieb. „Na-, Natürlich nicht.", antwortete Heinz. Erdo seufzte. „Erdo du läufst für das restliche Schuljahr: Ich trenne die Streithähne." Heinz beugte sich runter zu Erdo und flüsterte. „Sieh ihn dir doch an, Marcell schafft keine drei Kilometer ohne sechs Mal am Kaugummiautomaten zu halten. Und er zwinkerte Erdo zu. „Muskeln kommen auch besser bei den Frauen an Erdo!" „Was?", meine Marcell, er hatte zum Glück nichts gehört. „Du sitzt vorne neben mir, wir wollen mal die Mädchen hier in Ruhe lassen", meinte der Busfahrer in strengem Tonfall. Zumindest war Ellen sicher. Marcell sah die Strafverteilung ein. Erdo hatte definitiv den Kürzeren gezogen und er war trotzdem mit sich zufrieden. Vielleicht hatte Heinz ja die Sache in ein paar Tagen vergessen und er konnte sich wieder zu Ellen setzen.

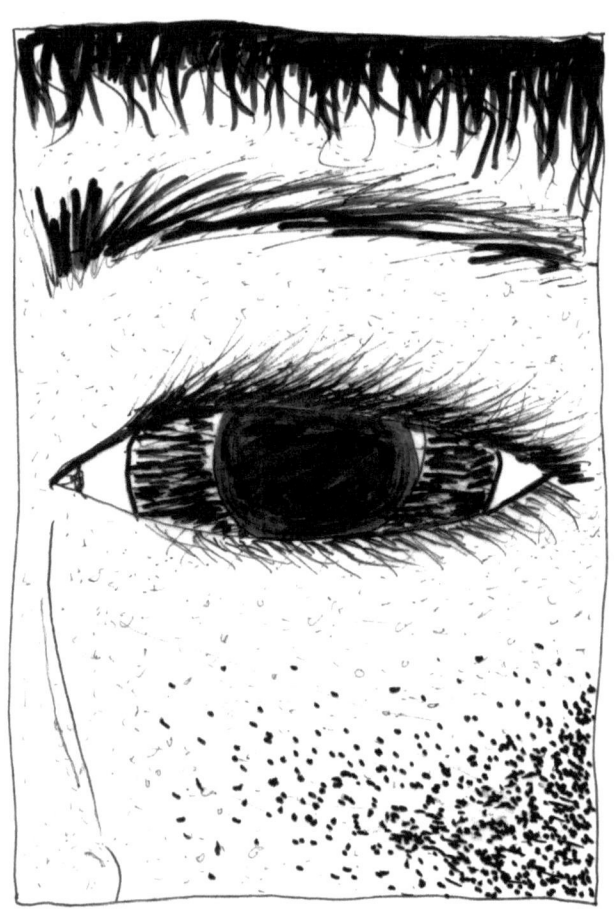

Erdo konnte sich nun aber endlich morgens rechtzeitig den Wecker stellen. „Nimmst du das Fahrrad?", fragte ihn sein Vater und vergab ihm recht schnell die Auseinandersetzung. „Nein ich laufe lieber, zu viele Schlaglöcher auf der Strecke." Und Erdo genoss die fünf Kilometer, die er immer schnelleren Schrittes ging. Irgendwann im März hatte er es geschafft. Er war groß und schlaksig und hatte mit seinem körperlichen Vorteil noch den anderen im Bus zugewunken, als sie ziemlich zeitgleich an der Bushaltestelle losgingen beziehungsweise fuhren. Und da der Bus über den Bahnhof fuhr, war Erdo kurz vor Ankunft des Busses an der Schule angekommen. Er war nicht einmal groß geschwitzt. Ellen gesellte sich in der Pause zu Erdo: „Und so wirst du Postbote, so laufstark wie du bist?", Ellen schmunzelte verlegen, das Kompliment war ihr so rausgerutscht. „Klar, sagte Erdo, „aber nur, wenn ich dir meine Liebesbriefe bringen darf." Und Erdo küsste Ellen. Sie schauten sich innig an und gingen in die Klasse. So konnte also Mal wieder ein verkehrslogistischer Nachteil mit purer Muskelkraft überwunden werden.